GABRIELLE D'ESTRÉES
A
HENRI IV,
HÉROÏDE
DÉDIÉE à Monsieur de VOLTAIRE.

*La main de la Nature
De ses aimables dons la combla sans mesure.*
Henr. Chant IX.

Par l'Auteur de SAPHO & de BIBLIS.

AU CHASTEAU D'ANET.

M. DCC. LXI.

AVERTISSEMENT.

RIEN de plus intéressant que le sujet de cette Héroïde : c'est l'éloge d'un Roi, dont la mémoire est encore si chere à la France. La derniere fois qu'il a été permis d'entrer dans les caves de St Denis, on a remarqué que personne ne s'approchoit du cercueil de Henri IV qu'avec un respect mêlé d'attendrissement. J'ai connu même des Etrangers qui m'ont avoué qu'en passant sur le Pont-Neuf, ils étoient tentés de se prosterner devant la statue de ce Roi. Louis XIII (dit l'Auteur de l'Essai sur l'Histoire universelle) fut surnommé *le Juste*, parce qu'il étoit né sous le signe de la Balance. Henri IV fut surnommé *le Grand*, à cause de sa valeur, & sur-tout à cause de son caractere de clémence & de bonté.

Quoique la grandeur des Rois paroisse annoblir jusqu'à leur foiblesse, je n'aurois point attiré l'attention, si je n'avois peint Gabrielle d'Estrées que comme la Maîtresse d'un Roi uniquement occupée de ses amours ; mais une femme qui, témoin d'un régne aussi barbare que celui de Charles IX, se rappelle au lit de la mort toutes les horreurs qu'elle a vues, & y oppose les actions généreuses de Henri IV, n'a t'elle pas droit d'intéresser le cœur de tout François ? On me reprochera peut-être quelques anacronismes ; mais je n'ai rien à répondre, sinon que j'écris en vers, & que la vraisemblance est la seule vérité des Poëtes ; & la difficulté de rendre tous ces récits vraisemblables, me donne des droits sur l'indulgence des Lecteurs.

Je me flatte qu'on me fera la grace de croire que je n'ai aucun dessein de faire rejaillir sur les Ecclésiastiques de nos jours, les reproches que fait Gabrielle d'Eſtrées a ceux du ſeiziéme ſiécle. Se pourroit-il que, ſous un régne où ils ſont les ſujets les plus fidéles & les citoyens les plus paiſibles, je les ſoupçonnaſſe capables des horreurs qu'ils ſont eux-mêmes les premiers à combattre. Graces au Ciel, les Prêtres & le Peuple ſont changés.

Le ſuccès des Héroïdes de *Sapho* & de *Biblis*, me fait eſpérer que celle que je préſente aujourd'hui ne ſera pas reçue moins favorablement du Public. On a applaudi au choix des ſujets. J'oſe croire celui-ci auſſi heureux que les autres.

En adreſſant à M. de Voltaire l'Epître qui précéde cette Héroïde, je n'ai point prétendu mendier le ſuffrage de ce grand homme. Mon deſſein n'a été que de rendre hommage à celui de tous les Ecrivains qui, par l'univerſalité de ſes talens, fait ſans contredit le plus d'honneur aux Lettres. J'aurois defiré que cet hommage fût plus digne de lui. N'eſt-il pas juſte, après tout, de dédier un Ouvrage, où il eſt queſtion de Henri IV, au génie fameux qui, par le ſeul Poëme que la France avoue, a immortaliſé les vertus de ce grand Roi.

Paris a cent mille Seigneurs,
Et l'Europe n'a qu'un Voltaire.

Guide mon vol audacieux,
Et des rives de l'Hipocrene
Porte mon char au haut des cieux :
Ma Muſe a beſoin d'un Mécene.
Le jeune lierre, ſans appui,
Triſtement rampe ſur l'arene ;
Mais, ſoutenu par un vieux chêne,
Le lierre aux cieux monte avec lui.
Pour toi, dans les routes divines
Des beaux jardins du Dieu des vers,
Les roſes naiſſent ſans épines,
Et les lauriers ſont toujours verds.
Pour moi, dès qu'un eſpoir funeſte
Me fait approcher de ces lieux,
La roſe fuit, l'épine reſte,
Et le laurier ſéche à mes yeux.

Il eſt vrai que, dès mon aurore,
Richelieu ſourit à mes ſons,
Et que ſouvent Bernis encore
Daigne applaudir à mes chanſons :
Enflamé par de tels ſuffrages,
Quelquefois je m'éleve un peu,
Et fais briller dans mes ouvrages
Une étincelle de ton feu.

Tu me compareras peut-être
A ce Disciple extravagant
Qui, pour parler avec son Maître,
S'imagine être aussi savant.
Ma Muse, qui peu s'en impose,
Sait trop le prix de tes travaux ;
Mais, VOLTAIRE, juge ma cause:
Peut-on sentir ce que tu vaux,
Et ne pas valoir quelque chose ?

GABRIELLE D'ESTRÉES A HENRI IV,

HÉROÏDE.

Dans ce calme effrayant (1) où la douleur moins vive
Retient chez les vivans mon ame fugitive,
Où, suspendu sur moi, le glaive de la mort
S'apprête à terminer mes tourmens & mon sort,
Où, de ce Dieu vengeur, que je crains & que j'aime,
J'attens, en frémissant, la Sentence suprême,
Il m'est encor permis de tracer à tes yeux
Mes derniers sentimens & mes derniers adieux.

   Tu sais combien l'amour, égarant ma foiblesse,
Dans de folles erreurs a plongé ma jeunesse:
Tu sais combien de fois, armé de vains efforts,
Mon cœur, prêt à se rendre, étouffa ses transports:

---

(1) Pendant que Henri IV étoit à Fontainebleau, Gabrielle d'Estrées fût attaquée deux fois en quatre jours d'apopléxie dont elle mourut à Paris. C'est dans l'intervalle de ces deux attaques, qu'elle est supposée écrire cette Epître.

Je résistai long-temps ; mais ce jour favorable,
De clémence & de gloire (2) exemple mémorable,
Ce jour où contre toi tes Peuples révoltés,
Défiant ton courage, & bravant tes bontés,
Se laissoient consumer par la faim dévorante,
Où, sensible aux clameurs d'une Ville expirante,
Tu voulus de ton Peuple oublier les forfaits,
Où Paris étonné vécut de tes bienfaits,
Ce triomphe, où si grand tu parus si modeste,
Vint à mon foible cœur tendre un piége funeste.
Hélas ! je vis ce cœur sans cesse combattu,
Inflexible à tes feux, se rendre à ta vertu.
Qui pourroit résister à de si nobles charmes ?
Paris te couronna, je te rendis les armes ;
Et ta clémence enfin, utile à tes projets,
Te fis vaincre en un jour mon cœur & tes Sujets.

Oui, ce fatal instant, marqué par ma foiblesse,
Dans mon esprit confus se retrace sans cesse ;
Sans cesse le plaisir, repoussant le remord,
Vient mêler ses attraits aux horreurs de la mort.
Je crois encor te voir : je crois encore entendre
Les sons de cette voix si flateuse & si tendre.
Je revois ces bosquets, ce dangereux séjour (3)
Formé par la nature, embelli par l'amour,
Où le soufle léger du jeune amant de Flore,
Oppose aux feux du jour la fraîcheur de l'aurore ;
Où l'art industrieux fait briller à la fois
Le luxe des plaisirs, & le faste des Rois ;

(2) La réduction de Paris : cette Ville périssoit par la famine ;
Henri IV qui l'assiégeoit, fut attendri de son sort, & la secourut.
Les Parisiens touchés de cette générosité, tomberent aux pieds de
Henri IV, & se rendirent.

(3) Anet.

Ces innocens vers toi levent leurs foibles mains;
Daigne les adopter, veille sur leurs destins.
Verras-tu tes enfans, rebuts de la fortune,
Traîner dans les affronts une vie importune ?
Verras-tu sans pitié des Princes de ton Sang,
Dans la foule inconnus ramper au dernier rang ?
Peux-tu, les punissant des fautes de leur mere,
Les priver du plaisir de connoître leur pere ?
Je ne demande point que, placés après toi,
Ils écartent du trône un légitime Roi ;
Funeste ambition, injustice cruelle,
Non, vous ne régnez point au cœur de Gabrielle :
Je veux que mes enfans, auprès de toi nourris,
Au sentier des vertus suivent tes pas chéris ;
Qu'ils sachent qu'en tout tems, fideles à leurs Maîtres (6),
La France au champ de Mars vit périr mes ancêtres;
Et qu'ils puissent, comme eux, dédaignant le repos,
S'ils ne sont pas des Rois, être un jour des Héros.
Voilà tous mes desseins : c'est à toi d'y souscrire :
Je mourrai sans regret ; mais avant que j'expire,
Permets que, poursuivant un si cher entretien,
Mon cœur en liberté s'épanche dans le tien.
Sur un songe trompeur, que le hasard fit naître,
Mon esprit vainement s'épouvante peut-être ;
Peut-être aussi le Ciel, qui veut t'en garantir,
Par moi seule aujourd'hui te le fait pressentir :
Enfin, soit que ma crainte, injustement fondée,
De cet affreux objet me remplisse l'idée,

une fille, César, Duc de Vendôme ; Alexandre, Grand Prieur de France, mort prisonnier d'Etat ; & Henriette qui fut mariée à Charles de Lorraine, Duc d'Elbeuf.

(6) Gabrielle d'Estrées, d'une ancienne Maison de Picardie, étoit fille & petite fille d'un grand Maître d'Artillerie. *Henr.* Chant IX.

Soit que, pendant la nuit, le tableau du passé
De mon esprit confus ne soit point effacé,
A peine du sommeil la faveur passagere
Vient suspendre mes maux, & fermer ma paupiere;
Qu'à mes yeux effrayés un spectre menaçant
Sort du fond de la tombe avec un cri perçant :
Un sceptre est à ses pieds : la mort, qui l'environne,
De ses voiles affreux enveloppe le trône.
Que vois-je, m'écriai-je ! Ah ! Valois, est-ce vous ?
» Oui, c'est moi, me dit-il, qui tombai sous les coups
» D'un Peuple qu'un faux zele a conduit dans le crime:
» Grand Dieu, fais que j'en sois la derniere victime.
Le spectre fuit ; tout change ; & mon œil étonné,
De tes nombreux sujets te trouve environné ;
Mais tandis qu'enivrés de tendresse & de joie,
Tous les cœurs au plaisir s'abandonnent en proie,
Soudain, armé d'un fer, un monstre furieux
Vient, vole, approche, frappe... & tout fuit à mes yeux.
De la ligue, en un mot, crains l'hydre menaçante :
Dans l'ombre de la nuit sa tête renaissante
Se cache, en méditant des projets pleins d'horreur :
Son repos est à craindre autant que sa fureur.
Ecarte loin de toi ces Moines politiques,
Qui, sous un front timide esclaves despotiques,
Fameux dans l'art de feindre, & prêts à tout oser,
Ne rampent près des Rois que pour les maîtriser.
Crains qu'un autre Clément, du sein de la poussiere,
Ne puisse quelque jour de sa main meurtriere,
Croyant venger l'Eglise, & méprisant ses loix,
Te joindre dans la tombe au dernier des Valois.

Hé quoi, me diras-tu, ce Peuple que j'adore,
Quand je le rends heureux, voudroit me perdre encore !

Si Bourbon autrefois s'est armé contre lui,
Bourbon par les bienfaits veut le vaincre aujourd'hui.
Le François pour moi seul sera-t-il inflexible ?
Oui, je sais que ce Peuple est né brave & sensible,
Que son cœur aisément se laisse désarmer,
Et que par la clémence on peut s'en faire aimer.
Mais ne sais-tu donc pas jusqu'où le fanatisme
Sur l'esprit des humains étend son despotisme ?
Peins-toi ce jour affreux, à l'horreur consacré (7),
Vois parmi les mourans Coligny massacré :
C'est là que, sous les coups & la haine de Rome,
Traîné dans la poussiere, expira ce grand homme.
Entends-tu ces clameurs, ces lamentables cris ?
Vois le sang à grands flots ruisseler dans Paris ;
Reconnois à ces traits, dont frémit la nature,
De nos Prêtres cruels la funeste imposture.

O Peuple trop crédule ! ô François généreux !
Quel Prince peut jamais vous rendre plus heureux ?
Qui parmi les humains fut plus digne de vivre ?
Hélas, où courez-vous ? quelle ardeur vous enivre ?
Quoi, le meilleur des Rois tomberoit sous vos coups !
Barbares... arrêtez... ô Ciel ! que faites-vous ?
Arrêtez... Si le meurtre a pour vous tant de charmes,
Tournez contre mon sein vos parricides armes ;
Baignez-vous dans mon sang, frappez, déchirez-moi,
Frappez... mais respectez les jours de votre Roi...
Mais que dis-je ? ô François, vous sentez mes alarmes ;
De vos yeux attendris je vois couler des larmes :
Vous frémissez, vos sens sont saisis de terreur :
Pour commettre ce crime, il vous fait trop horreur :
Non, vous ne portez point des cœurs aussi coupables ;
D'un si noir attentat vous n'êtes point capables.

(7) Le massacre de la St Barthélemi.

Que ce monstre, étouffé dans le sein de sa mere,
Jamais de ses regards ne souille la lumiere ;
Qu'il soit, s'il voit le jour, livré dans ce moment,
Avant d'être coupable, au plus affreux tourment :
Que son corps, déchiré par ta main vengeresse,
Renaisse à chaque instant, pour expirer sans cesse :
Et qu'enfin sur la terre il soit l'opprobre affreux
Des plus vils scélérats de nos derniers neveux!

Cher Prince, cher amant, la mort la plus barbare,
Quand l'amour nous unit, pour jamais nous sépare...
Pour jamais... juste ciel, je ne te verrai plus!
Suspendez un moment vos Decrets absolus :
Inflexible Destin, puissant Dieu que j'implore,
Permettez à mes yeux de le revoir encore.

Alors qu'un soin pressant t'arracha de ce lieu,
Je ne crus point te dire un éternel adieu.
Hélas! nos cœurs, séduits d'une vaine apparence,
S'abandonnoient sans crainte à la douce espérance
De nous revoir bien-tôt réunis par l'amour :
Nous supportions l'absence en faveur du retour.
Ah! si de l'avenir mon songe est le présage,
Si des maux que je crains il m'offre ainsi l'image,
Qui, dans ce même instant, qui me glace d'effroi,
Du nombre des vivans, mon Dieu, retranchez-moi :
Mais, si ce songe affreux n'est qu'un songe ordinaire,
D'un esprit effrayé fantôme imaginaire,
Qui, né dans le sommeil, se dissipe avec lui,
O Mort, suspends tes coups, & permets aujourd'hui
Que, funeste témoin de ces tristes orages
Qui long-tems des François ont troublé les rivages,
Je le sois des beaux jours qui vont briller sur eux.
Cher amant, si le ciel daigne exaucer mes vœux,

Tous les cœurs de son Peuple enchaînés sous ses loix :
L'orgueil fait les Tyrans, la bonté fait les Rois.

La bonté des Bourbons n'est point cette foiblesse
Qui, fille de la crainte, & sœur de la molesse,
Céde par indolence, ou fuit par lâcheté,
Et qu'on brave toujours avec impunité.
C'est cette fermeté, c'est cette audace heureuse,
Qui, quelquefois sévere, & toujours généreuse,
Soulage d'une main les maux que l'autre a faits ;
Qui ne sait se venger qu'à force de bienfaits ;
Qui, lorsque sa victime à ses coups s'abandonne,
Au lieu de l'écraser, s'attendrit & pardonne.
O France, c'est ainsi que, te voyant périr,
Henri par sa clémence a sçu te conquérir.
Ainsi, lâche Biron, à ta perfide audace (11)
Ce Prince, qui t'aimoit, offrit cent fois la grace ;
Mais ton orgueil força ce Roi désespéré
A te rendre au tombeau dont il t'avoit tiré.

O toi, dont la sagesse éternelle & profonde
Fait rentrer au néant les Puissances du monde,
Auguste Protecteur des Peuples & des Rois,
Grand Dieu, du haut des cieux entends ma foible voix :
Par ma bouche aujourd'hui tout un Peuple t'implore :
Daigne abaisser les yeux sur un Roi qui t'adore :
Si tu prévois qu'un jour un sujet inhumain
Dans un sang aussi cher ose tremper sa main,

(11) Biron conspira contre Henri IV, qui lui avoit sauvé la vie à Fontaine-Françoise, & fût condamné à être décapité, malgré le Roi qui vouloit lui pardonner. On sçait combien les descendans de cette illustre Maison ont réparé son crime, tant par les services qu'ils ont rendus à la France, que par l'attachement qu'ils ont toujours eu depuis pour leurs Rois.

Que dans tous tes conseils la sagesse préside ;
Qu'en ton ame toujours l'humanité réside.
Que dis-je, cher amant, excuse mon erreur :
Quelle est donc la vertu qui n'est point dans ton cœur ?
Hélas ! je m'en souviens, quand, déployant ses ailes,
La mort couvroit Paris de ses ombres cruelles ;
Quand, tout souillé de sang, un Peuple factieux
Sur des morts entassés croyoit monter aux Cieux ;
Quand, le Christ à la main, nos Prêtres sanguinaires
Excitoient les enfans à massacrer leurs peres :
» O Paris, disois-tu, les yeux baignés de pleurs,
» Je ne puis à présent que plaindre tes malheurs ;
» Mais si jamais le Ciel (10) trompant mon espérance,
» Fait tomber dans mes mains le sceptre de la France,
» Si du Maître des Rois l'immortelle clarté
» Fait du sein de l'erreur sortir la vérité,
» Peuple que je chéris, ô François, ô mes freres,
» Qu'avec plaisir ma main finira vos miseres !
» Ah, combien votre sang me sera précieux !
» Vous que l'erreur conduit, Prêtres séditieux,
» Coupables Protestans, Catholiques rebelles,
» Sous un Roi réunis vous seriez tous fideles.
» Dans les utiles jours d'une éternelle paix,
» J'enchaînerai vos cœurs par le nœud des bienfaits.

Barbares Partisans des maximes iniques,
O vous Rois orgueilleux, vous Princes tyranniques,
Qui, signalant vos jours par de sanglans projets,
Sous un sceptre de fer accablez vos Sujets,
Venez, jettez les yeux sur cet Empire immense,
Voyez-y ce Monarque ; il tient par sa clémence

(10) Lors du massacre de la Saint Barthélemi, Henri IV, Roi de Navarre, ne pouvoit point espérer de monter sur le trône de la France.

C.ij

Peuple, que dans vos cœurs ce Roi vive à jamais!
Songez à votre amour, songez à ses bienfaits.
   Ne crains rien, cher amant : va, crois-moi, la nature
N'enfante point trois fois un cœur assez parjure,
Un monstre assez cruel pour tramer ce dessein.
Qui d'un Prince si bon voudroit percer le sein?
Henri, t'en souviens-tu ? Quand la Parque en furie (8)
S'apprêtoit à couper la trame de ta vie,
Hélas! tout le fardeau du céleste courroux
Parut en ces momens s'appesantir sur nous.
De quels cris douloureux nos Temples retentirent!
Tout s'émut, tout trembla, tous les cœurs s'attendrirent ;
Mais tout changea bientôt, quand, vainqueur du trepas,
Tu vis l'abime affreux refermé sous tes pas.
Quels doux emportemens ! la France avec son Maître
Des portes du tombeau sembloit aussi renaître :
Tu parus, & chacun voulut revoir son Roi :
Tout un Peuple, en pleurant, voloit autour de toi.
Hélas, sa douleur seule égala son ivresse !
Quel Peuple pour son Roi montra plus de tendresse !
Par de nouveaux bienfaits resserre ce lien :
Poursuis ; que son bonheur soit à jamais le tien ;
Que, parmi les Héros de ta race immortelle,
Louis douze (9) à ton cœur serve en tout de modele ;
Qu'écrit en lettres d'or dans les fastes des Cieux,
Son régne pour jamais soit présent à tes yeux !
Des flatteurs, comme lui, redoute l'artifice ;
Que près de toi la paix marche avec la justice ;
Sous le poids accablant des subsides affreux,
Hélas, n'écrase point tes Peuples malheureux ;

  (8) Henri IV tomba malade, & toute la France trembla pour
ses jours.
  (9) Louis XII surnommé le pere du Peuple.

Si j'en crois aisément ce que mon cœur m'inspire,
Tranquille possesseur du plus heureux Empire,
Bientôt tu vas, bravant le sort & les revers,
Adoré de ton Peuple, & craint de l'Univers,
Terrasser, sous tes pieds, la Ligue frémissante.
La France, par tes soins paisible & florissante,
Verra, sur les deux mers, flotter ses pavillons.
Les épics orgueilleux vont couvrir nos sillons :
Les Arts vont déployer leur sublime génie :
Les Muses, jusqu'aux cieux, vont porter l'harmonie :
Et l'Europe, admirant ton règne & tes vertus,
Verra revivre en toi Jule, Auguste & Titus.
Peut-être, par ses chants, verrons-nous un Orphée
Elever à ta gloire un superbe trophée ;
Et Paris, étonné de sa vaste grandeur,
Pourra, de Rome un jour, égaler la splendeur.
Qu'en te voyant heureux, j'expirerois contente !
Mais le ciel prend plaisir à tromper mon attente.
Puisse ce Dieu suprême, Arbitre de nos jours,
A tes heureux destins accorder un long cours,
Verser sur tes Etats tous ses bienfaits ensemble,
Et donner à nos fils un Roi qui te ressemble !

Mais ç'en est fait : la force abandonne mes sens :
Je succombe, ô mon Dieu, sous les maux que je sens.
Adieu : ma plume échappe, & la mort, qui m'appelle,
S'apprête à m'enfermer sous la tombe éternelle.
Adieu : que mon trépas n'excite point tes pleurs,
Henri, mon cher Henri, je t'embrasse, & je meurs.

FIN.